DADOS INTERNACIONAIS DE CATALOGAÇÃO NA PUBLICAÇÃO (CIP) (eDOC BRASIL, BELO HORIZONTE/MG)	
	Instituto Brasileiro de Cultura.
I59h	Histórias bíblicas: antigo testamento / Instituto Brasileiro de Cultura. – Barueri (SP): On Line, 2019.
	100 p. : il. ; 16 x 23 cm
	ISBN 978-85-432-2885-3
	1. Histórias bíblicas. I. Título.
	CDD 220.9505
Elaborado por Maurício Amormino Júnior – CRB6/2422	

CONSULTORIA PEDAGÓGICA: IZILDINHA H. MICHESKI

IBC – INSTITUTO BRASILEIRO DE CULTURA LTDA
CNPJ 04.207.648/0001-94
Avenida Juruá, 762 – Alphaville Industrial
CEP. 06455-907 – Barueri/SP
www.revistaonline.com.br

Editora: Priscilla Sipans
Redatora: Marianna Martins (tradução e adaptação)
(redacao@editoraonline.com.br)
Coordenador de Arte: Rubens Martim
Programadora Visual: Evelin Cristine Ribeiro
Vendas: Tel.: (11) 3393-7723 (vendas@editoraonline.com.br)

Todos os direitos reservados.

1ª Impressão

HISTÓRIAS DA BÍBLIA

ÍNDICE

ANTIGO TESTAMENTO

A CRIAÇÃO DO MUNDO

NO PRINCÍPIO, DEUS CRIOU O MUNDO EM SEIS DIAS. NO PRIMEIRO DIA, FEZ O CÉU E A TERRA. TUDO ERA ESCURIDÃO. ENTÃO, DEUS DISSE: "HAJA LUZ", E ASSIM FOI FEITO. A LUZ, ELE CLAMOU DIA E AS TREVAS, NOITE.

7

NO SEGUNDO DIA, DEUS FEZ O CÉU E SEPAROU AS ÁGUAS
QUE ESTAVAM POR CIMA E POR BAIXO DESTE.
NO TERCEIRO DIA, DEUS AJUNTOU AS ÁGUAS ABAIXO
DO CÉU NUM SÓ LUGAR, QUE CHAMOU DE MAR, E FEZ
APARECER A POÇÃO SECA, QUE CHAMOU DE TERRA,
PARA PRODUZIR A RELVA, AS ERVAS COM SEMENTES E AS
ÁRVORES FRUTÍFERAS.
NO QUARTO DIA, FEZ O SOL PARA GOVERNAR O DIA E A
LUA PARA GOVERNAR A NOITE, ALÉM DAS ESTRELAS PARA
ILUMINAR A TERRA.
NO QUINTO DIA, DEUS CRIOU AS CRIATURAS DO MAR E AS
AVES, E AS ABENÇOOU PARA QUE SE MULTIPLICASSEM.

9

NO SEXTO DIA, DEUS FEZ TODOS OS ANIMAIS TERRESTRES, DE FORMA QUE ELES PUDESSEM SE REPRODUZIR. DEPOIS, ELE AINDA FEZ UMA CRIATURA ESPECIAL, QUE SE PARECIA CONSIGO: O SER HUMANO, SENDO O HOMEM E A MULHER. AS PLANTAS E OS VEGETAIS SERIAM ALIMENTOS PARA TODOS OS SERES DA TERRA. NO SÉTIMO DIA, DEUS DESCANSOU.

ENTÃO, DEUS DEU O SOPRO
DE VIDA AO SER HUMANO.
ASSIM, SURGIU ADÃO, O
PRIMEIRO HOMEM. ELE VIVIA
NO JARDIM DO ÉDEN, ONDE
PODERIA SE ALIMENTAR
DOS FRUTOS DE QUALQUER
ÁRVORE, EXCETO DA ÁRVORE
DO CONHECIMENTO DO
BEM E DO MAL, POIS SE ELE
COMESSE DAQUELE
FRUTO, MORRERIA.
ASSIM, DEUS FEZ A
PRIMEIRA MULHER, EVA,
PARA ACOMPANHAR ADÃO.

13

ENTÃO, UMA SERPENTE APARECEU E DISSE QUE O FRUTO DA ÁRVORE PROIBIDA ERA MUITO BOM. ELA DISSE A EVA QUE O FRUTO A TORNARIA SÁBIA, ENTÃO, A MULHER O COMEU. EVA CONTOU A ADÃO QUE TINHA COMIDO A FRUTA E DEU A ELE UM PEDAÇO.

NO FINAL DO DIA, DEUS PASSEAVA NO JARDIM. AO OUVI-LO, ADÃO E EVA ESCONDERAM-SE DE MEDO, POR CAUSA DA DESOBEDIÊNCIA. DEUS PUNIU A SERPENTE E A ELES, EXPULSANDO-OS DO JARDIM DO ÉDEN. AMALDIÇOOU, TAMBÉM, A TERRA E DISSE A ADÃO QUE ELE TRABALHARIA PESADO PARA CONSEGUIR O ALIMENTO DA TERRA. ALÉM DISSO, A MULHER TERIA DORES NOS PARTOS E ELES ENVELHECERIAM, NÃO MAIS VIVENDO ETERNAMENTE.

ADÃO E EVA TIVERAM MUITOS FILHOS. O
PRIMEIRO SE CHAMAVA CAIM, TRABALHAVA
NO CAMPO E NÃO ERA OBEDIENTE A DEUS.
SEU IRMÃO, ABEL, ERA PASTOR DE OVELHAS E
OBEDIENTE A DEUS.

PASSADOS DIAS DA COLHEITA, CAIM OFERECEU OS FRUTOS A DEUS. ABEL TAMBÉM OFERTOU, MAS OFERECEU OS PRIMEIROS FILHOTES DO SEU REBANHO, ASSIM QUE NASCERAM. DEUS SE AGRADOU DA OFERTA DE ABEL, MAS NÃO DA OFERTA DE CAIM.

CAIM FICOU REVOLTADO COM A REJEIÇÃO E, TOMADO POR UMA GRANDE IRA, CHAMOU SEU IRMÃO ABEL NO CAMPO, LEVANTOU-SE CONTRA ELE E O MATOU. DEUS AMALDIÇOOU A ELE E À SUA COLHEITA, CONDENANDO-O A VIVER COMO UM FUGITIVO E ERRANTE PELA TERRA. DENTRE OS DESCENDENTES DE ADÃO E EVA ESTAVA NOÉ.

A ARCA DE NOÉ

MUITOS ANOS SE PASSARAM. A MAIORIA DAS PESSOAS NA TERRA ERA PERVERSA. MAS HAVIA NOÉ, QUE ERA BOM E JUSTO. ENTÃO, DEUS ORDENOU A NOÉ QUE FIZESSE UMA ARCA E O ENSINOU A CONSTRUÍ-LA.

21

NOÉ E SEUS TRÊS FILHOS OBEDECERAM A DEUS. A ARCA TINHA MUITOS COMPARTIMENTOS E O SENHOR CLASSIFICOU PARA LEVAR NA ARCA MACHOS E FÊMEAS DOS ANIMAIS ACIMA DA TERRA. ALGUNS, SETE PARES, OUTROS, UM PAR DE CADA ESPÉCIE.

DEUS MANDARIA UMA CHUVA MUITO FORTE, QUE CHAMOU DE DILÚVIO, PARA INUNDAR E DESTRUIR O MUNDO INTEIRO. NOÉ, SUA ESPOSA, SEUS FILHOS E SUAS ESPOSAS, ALÉM DOS ANIMAIS, ENTRARAM NA ARCA E, ENTÃO, CHOVEU POR QUARENTA DIAS E QUARENTA NOITES. A ARCA FLUTUAVA NA ÁGUA, PORQUE DEUS ABRIU TODAS AS FONTES DE ÁGUA DO GRANDE ABISMO E AS COMPORTAS DE ÁGUA DO CÉU.

25

AS ÁGUAS COBRIRAM ATÉ AS
MONTANHAS MAIS ALTAS E TUDO
O QUE HAVIA SOBRE A TERRA SECA
PERECEU COM O DILÚVIO.

A FAMÍLIA DE NOÉ E OS ANIMAIS FICARAM A SALVO
NA ARCA QUANDO A CHUVA PAROU, MAS AS ÁGUAS
PREDOMINARAM SOBRE A TERRA POR CENTO E
CINQUENTA DIAS. ENTÃO, A TERRA DEMOROU A SECAR.

QUANDO A TERRA FINALMENTE SE RECUPEROU, A FAMÍLIA DE NOÉ E TODOS OS ANIMAIS SAÍRAM DA ARCA E DEUS OS ABENÇOOU E ORDENOU QUE SE MULTIPLICASSEM E POVOASSEM A TERRA.

NOÉ CONSTRUIU UM ALTAR E, ALI, AGRADECEU E ADOROU A DEUS POR TER SALVO SUAS VIDAS. A PARTIR DAQUELE DIA, COMEÇOU A LEVANTAR AS CONSTRUÇÕES PARA QUE SUA FAMÍLIA E SEUS DESCENDENTES PUDESSEM HABITAR.

DEUS ORDENOU AOS DESCENDENTES DE NOÉ QUE SE MULTIPLICASSEM E ENCHESSEM A TERRA, MAS ELES FICARAM NUM SÓ LUGAR. TODOS FALAVAM A MESMA LÍNGUA E COMBINARAM DE CONSTRUIR UMA TORRE ATÉ O CÉU PARA TORNAREM CÉLEBRES OS SEUS NOMES. DEUS SE DESAGRADOU PELA REBELDIA E OS DIVIDIU EM POVOS, DANDO-LHES LÍNGUAS DIFERENTES E ESPALHANDO-LHES PELA TERRA.

OS GRUPOS NÃO SE ENTENDIAM FALANDO LÍNGUAS DIFERENTES E, ENTÃO, PARARAM A CONSTRUÇÃO DA TORRE E DA CIDADE. A TORRE FOI CHAMADA DE "TORRE DE BABEL", QUE SIGNIFICA "CONFUSÃO".

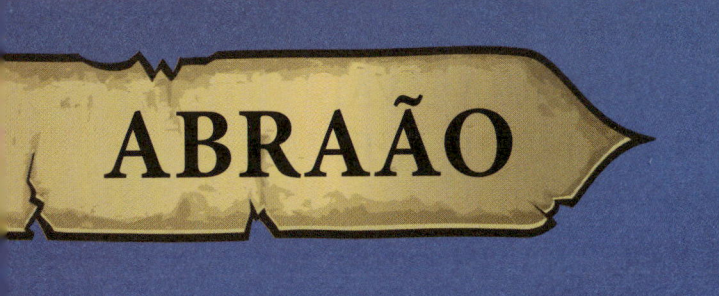

ABRAÃO

ANTES DE CONHECER A DEUS, SEU NOME ERA ABRÃO. ERA UM HOMEM DESCENDENTE DE SEM. SARA ERA SUA ESPOSA E NÃO PODIA TER FILHOS. UM DIA, DEUS APARECEU PARA ABRAÃO E DISSE: "OLHE PARA O CÉU E CONTE AS ESTRELAS, SE É QUE PODE CONTÁ-LAS. ASSIM SERÁ SUA DESCENDÊNCIA."

DEUS DISSE A ABRAÃO: "SAI DA TUA TERRA E VAI PARA A TERRA QUE EU TE MOSTRAREI, PORQUE DE LÁ FAREI UMA GRANDE NAÇÃO E EU TE ABENÇOAREI, ENGRANDECEREI TEU NOME E VOCÊ SERÁ UMA BÊNÇÃO!" PARTIRAM PARA CANAÃ ABRAÃO, SARA, SUA ESPOSA, E SEU SOBRINHO LÓ, DO QUAL SE SEPAROU NO CAMINHO.

ABRAÃO ERA MUITO RICO. POR ISSO, SARA QUERIA DAR HERDEIROS AO MARIDO, MAS ELA ERA ESTÉRIL. ENTÃO, ELA DISSE AO MARIDO QUE ELE DEVERIA ENGRAVIDAR A CRIADA HAGAR E, ASSIM, ELE O FEZ. MAS, QUANDO ISSO ACONTECEU, SARA ACABOU FICANDO MUITO TRISTE COM ISSO E EXPULSOU HAGAR DE SUA CASA. QUANDO A CRIADA CHORAVA, UM ANJO DE DEUS APARECEU PARA ELA E DISSE: "MULTIPLICAREI TANTO OS SEUS DESCENDENTES QUE NINGUÉM OS PODERÁ CONTAR. VOCÊ ESTÁ GRÁVIDA E TERÁ UM FILHO, E LHE DARÁ O NOME DE ISMAEL, PORQUE O SENHOR A OUVIU EM SEU SOFRIMENTO."

UM DIA, TRÊS VISITANTES FORAM À TENDA DE ABRAÃO. "MANDAREI BUSCAR UM POUCO D'ÁGUA PARA QUE LAVEM OS PÉS E DESCANSEM DEBAIXO DESTA ÁRVORE. VOU TRAZER-LHES TAMBÉM O QUE COMER, PARA QUE RECOBREM FORÇAS E PROSSIGAM PELO CAMINHO", DISSE ABRAÃO AOS HOMENS, QUE ACEITARAM A GENTILEZA. UM DOS HOMENS, ENTÃO, DECLAROU: "VOLTAREI A VOCÊ NA PRIMAVERA, E SARA, SUA MULHER, TERÁ UM FILHO."

SARA, OUVINDO A CONVERSA, RIU E PENSOU: "DEPOIS DE JÁ ESTAR VELHA E MEU SENHOR JÁ IDOSO, AINDA TEREI ESSE PRAZER?". MAS O QUE FOI DITO SE CUMPRIU. UM ANO MAIS TARDE, SARA TEVE UM FILHO CHAMADO ISAQUE.

ANOS MAIS TARDE, DEUS QUERIA TESTAR A FÉ DE ABRAÃO E PEDIU QUE ELE SACRIFICASSE SEU AMADO FILHO ISAQUE. ABRAÃO FEZ UM ALTAR, PEGOU O CUTELO E, QUANDO ESTAVA PRONTO PARA SACRIFICAR ISAQUE, ELE OUVIU A VOZ DO ANJO DE DEUS.

"NÃO ESTENDAS A MÃO SOBRE O RAPAZ. AGORA, SEI QUE TEMES A DEUS, POIS NÃO ME NEGASTE TEU ÚNICO FILHO." ABRAÃO OLHOU PARA TRÁS, VIU UM CORDEIRO PRESO ENTRE OS ARBUSTOS E SACRIFICOU O ANIMAL NO LUGAR DE SEU FILHO. E, DESSA FORMA, PRONUNCIOU O ANJO: "TE ABENÇOAREI GRANDEMENTE E A TUA DESCENDÊNCIA SERÁ COMO AS ESTRELAS DO CÉU E A AREIA QUE ESTÁ NA PRAIA."

PASSADOS MUITOS ANOS, SARA VEIO A FALECER E ABRAÃO, JÁ BEM VELHINHO, PEDIU AO SEU SERVO DE CONFIANÇA QUE VIAJASSE PARA A TERRA DE SUA PARENTELA DISTANTE E, DE LÁ, TROUXESSE UMA ESPOSA PARA ISAQUE. RECEBEU ELE UMA RECOMPENSA POR SERVI-LO.

O SERVO IMPLOROU A DEUS QUE LHE DESSE UM SINAL
PARA RECONHECER A MULHER QUE SE TORNARIA ESPOSA
DE ISAQUE. ENTÃO, ELE CONHECEU UMA BELA JOVEM QUE
OFERECEU ÁGUA A ELE E AOS SEUS CAMELOS. O SERVO
PENSOU QUE AQUELA ERA A MULHER ESCOLHIDA POR DEUS.

47

O SERVO ACOMPANHOU A MULHER, QUE SE CHAMAVA REBECA, ATÉ SUA CASA. ELA EXPLICOU AOS SEUS PAIS SOBRE A MISSÃO. ELES CONCORDARAM QUE REBECA SE CASASSE COM ISAQUE.

QUANDO REBECA E ISAQUE SE ENCONTRARAM, LOGO SE APAIXONARAM. ELES TIVERAM FILHOS GÊMEOS, CHAMADOS ESAÚ E JACÓ.

48

JOSÉ, O SENHOR DOS SONHOS

ISAQUE E REBECA TIVERAM FILHOS GÊMEOS.
ERAM SEUS NOMES ESAÚ E JACÓ.
JACÓ TEVE MUITOS FILHOS. DENTRE ELES,
JOSÉ, QUE ERA O MAIS AMADO, GANHOU
UMA LINDA TÚNICA COLORIDA. SEUS IRMÃOS
FICARAM MUITO ENCIUMADOS.
CERTO DIA, JOSÉ TEVE UM SONHO QUE
REVELAVA QUE ELE REINARIA SOBRE
SEUS IRMÃOS.

MAS OS IRMÃOS DE JOSÉ NÃO QUERIAM QUE ELE FOSSE O LÍDER DELES. ELES O DETESTAVAM E PLANEJAVAM MATÁ-LO, MAS UM DELES TEVE UMA IDEIA: COLOCAR JOSÉ NUM BURACO NO CHÃO. E ASSIM O FIZERAM, ALÉM DE ROUBAR SUA TÚNICA. LOGO QUE PUDERAM, OS IRMÃOS VENDERAM JOSÉ A UMA CARAVANA DE MERCADORES.

OS HOMENS LEVARAM JOSÉ AO EGITO E O VENDERAM A UM HOMEM CHAMADO POTIFAR, O CAPITÃO DA GUARDA DO FARAÓ. POTIFAR O TORNOU ESCRAVO E, COM A AJUDA DE DEUS, JOSÉ FAZIA UM BOM TRABALHO. A ESPOSA DE POTIFAR SENTIA ATRAÇÃO POR JOSÉ E, UM DIA, INSISTIU QUE ELE A AMASSE. SABENDO QUE ERA ERRADO, JOSÉ CONSEGUIU ESCAPAR, MAS A MULHER FICOU BRAVA. POR ISSO, DISSE AO MARIDO MUITAS MENTIRAS SOBRE JOSÉ.

FURIOSO, POTIFAR COLOCOU JOSÉ NA PRISÃO. POUCO DEPOIS, DOIS OUTROS HOMENS FORAM PRESOS E FICARAM NA CELA COM JOSÉ. ELES TIVERAM SONHOS QUE NÃO SABIAM INTERPRETAR. ENTÃO, JOSÉ CONSEGUIU REVELAR O QUE PREVIAM OS SONHOS: UM DOS HOMENS FOI SOLTO E O OUTRO FOI MORTO PELO FARAÓ. JOSÉ FICOU PRESO POR DOIS ANOS.

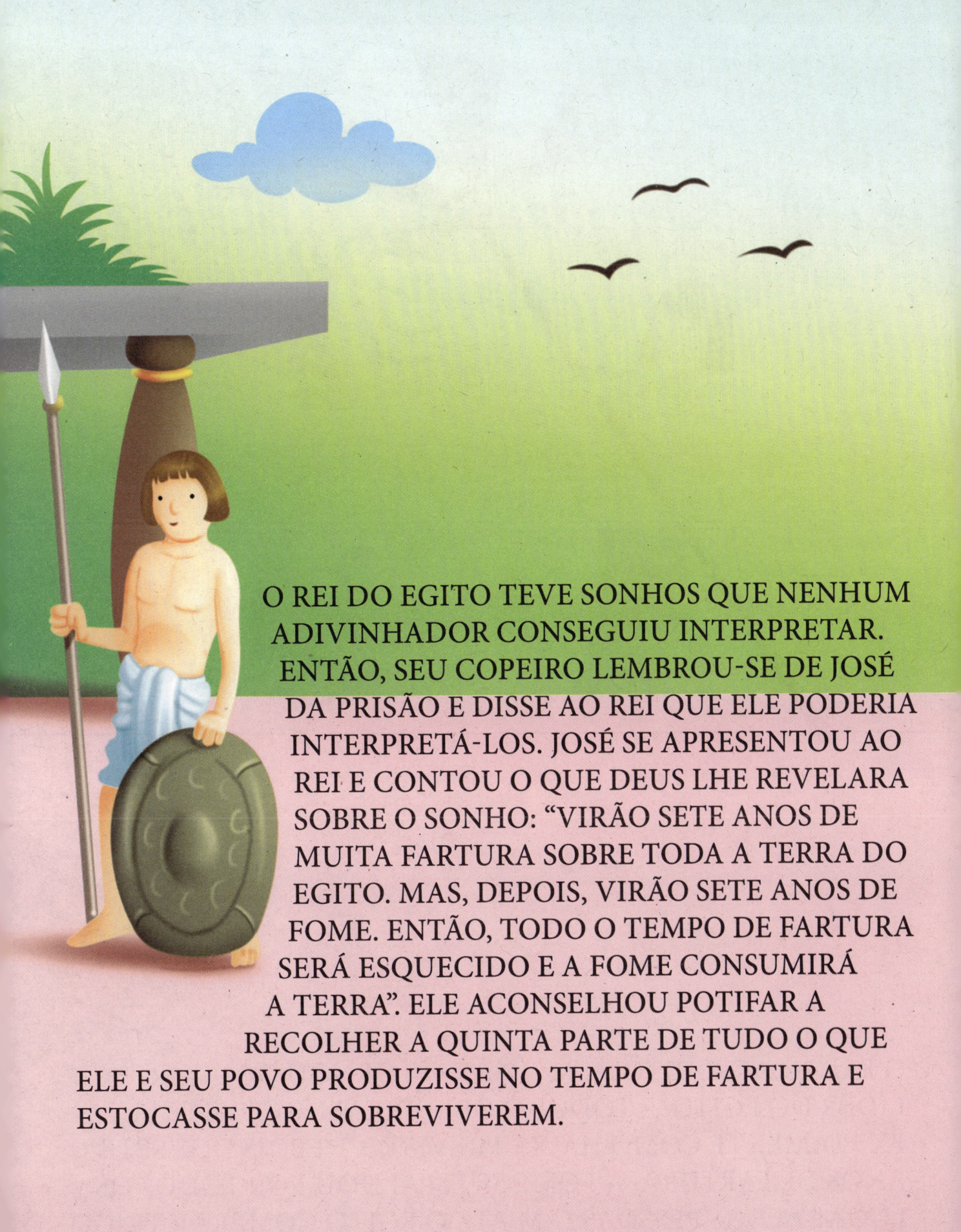

O REI DO EGITO TEVE SONHOS QUE NENHUM ADIVINHADOR CONSEGUIU INTERPRETAR. ENTÃO, SEU COPEIRO LEMBROU-SE DE JOSÉ DA PRISÃO E DISSE AO REI QUE ELE PODERIA INTERPRETÁ-LOS. JOSÉ SE APRESENTOU AO REI E CONTOU O QUE DEUS LHE REVELARA SOBRE O SONHO: "VIRÃO SETE ANOS DE MUITA FARTURA SOBRE TODA A TERRA DO EGITO. MAS, DEPOIS, VIRÃO SETE ANOS DE FOME. ENTÃO, TODO O TEMPO DE FARTURA SERÁ ESQUECIDO E A FOME CONSUMIRÁ A TERRA". ELE ACONSELHOU POTIFAR A RECOLHER A QUINTA PARTE DE TUDO O QUE ELE E SEU POVO PRODUZISSE NO TEMPO DE FARTURA E ESTOCASSE PARA SOBREVIVEREM.

O FARAÓ ACREDITOU EM JOSÉ E O TORNOU O MAIOR LÍDER DO EGITO, E TODOS O OBEDECIAM. ACONTECEU EXATAMENTE COMO HAVIA PREVISTO. DEPOIS DOS SETE ANOS DE FARTURA, A FOME SE ESPALHOU POR TODOS OS LUGARES E AS PESSOAS IAM ATÉ O EGITO COMPRAR TRIGO.

JACÓ ENVIOU SEUS FILHOS MAIS VELHOS AO EGITO PARA COMPRAR COMIDA. QUANDO JOSÉ SE ENCONTROU COM OS IRMÃOS, ELE OS RECONHECEU, MAS ELES NÃO O RECONHECERAM. JOSÉ ARMOU UMA EMBOSCADA, E ORDENOU AOS SERVOS QUE ACUSASSEM SEUS IRMÃOS DE ROUBO.

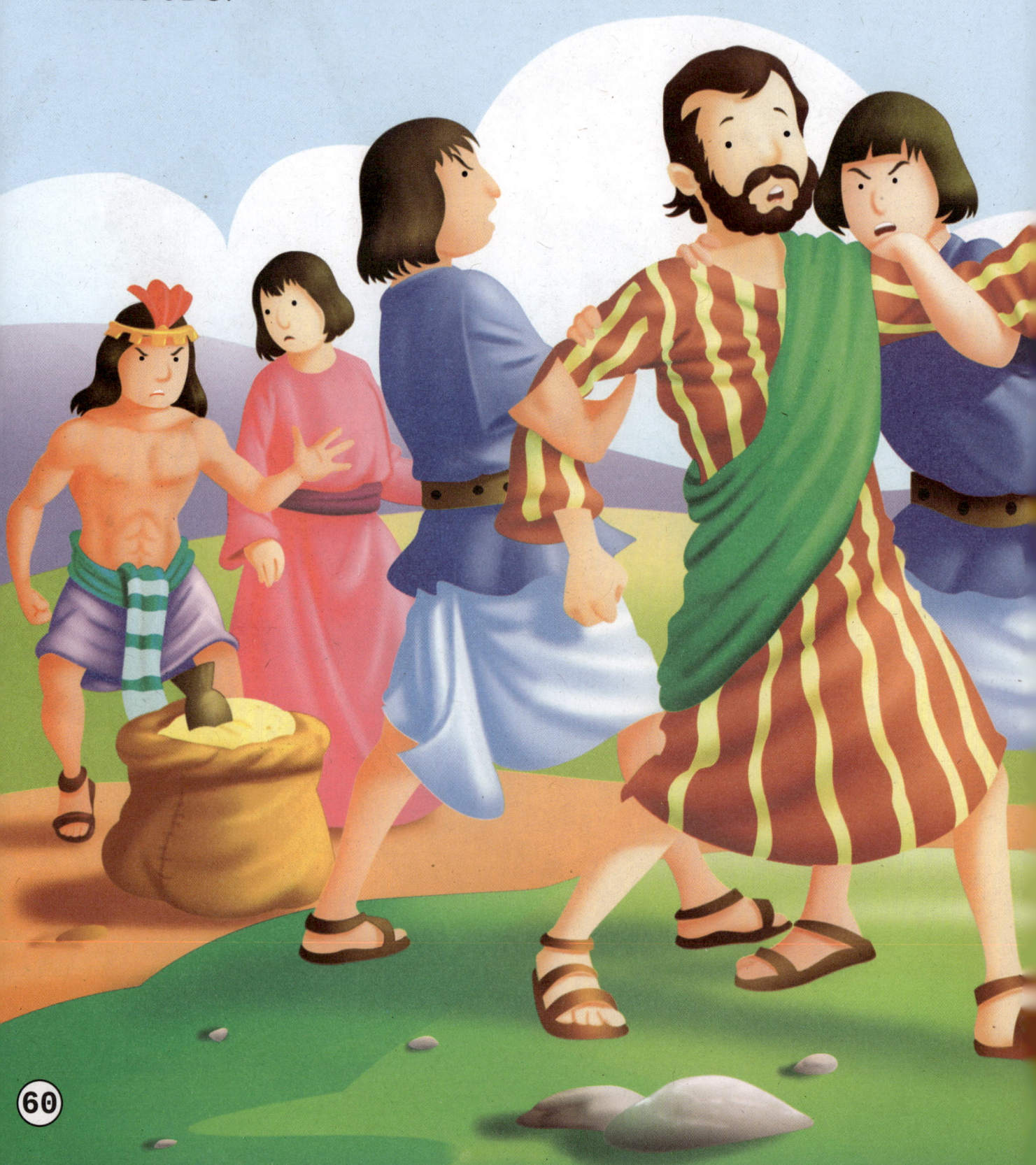

QUANDO ELES FORAM PRESOS, JOSÉ
RECONHECEU A INOCÊNCIA DELES E
REVELOU AOS HOMENS QUE ERA SEU IRMÃO,
PERDOANDO-OS PELO QUE HAVIAM FEITO COM
ELE NO PASSADO. JOSÉ TROUXE TODA A SUA
FAMÍLIA PARA VIVER NO EGITO.

DURANTE A FOME, JOSÉ CONSEGUIU
ENRIQUECER O FARAÓ, JUNTANDO TODA
A PRATA DA VENDA DOS ALIMENTOS
A OUTRAS NAÇÕES.

62

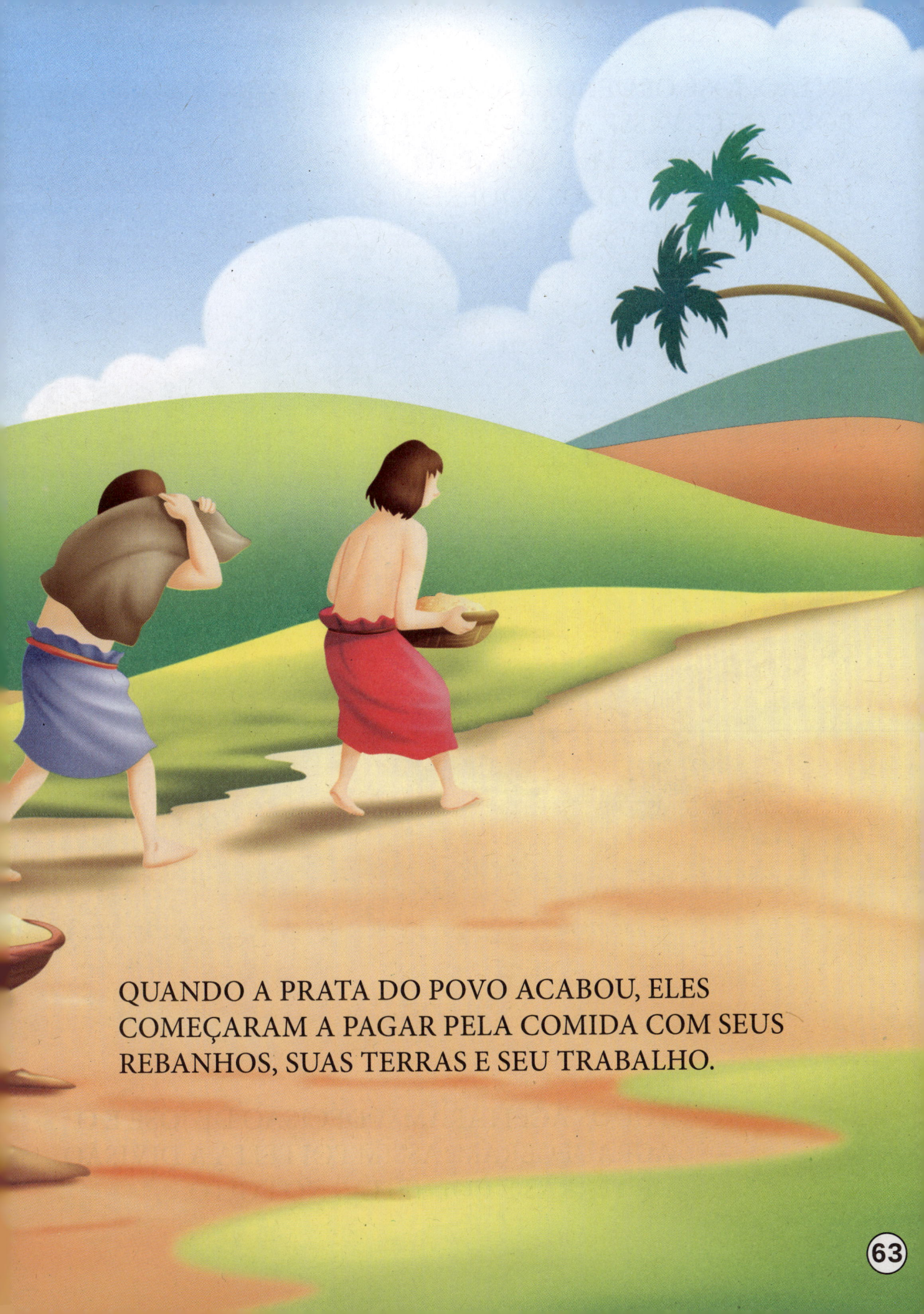

QUANDO A PRATA DO POVO ACABOU, ELES COMEÇARAM A PAGAR PELA COMIDA COM SEUS REBANHOS, SUAS TERRAS E SEU TRABALHO.

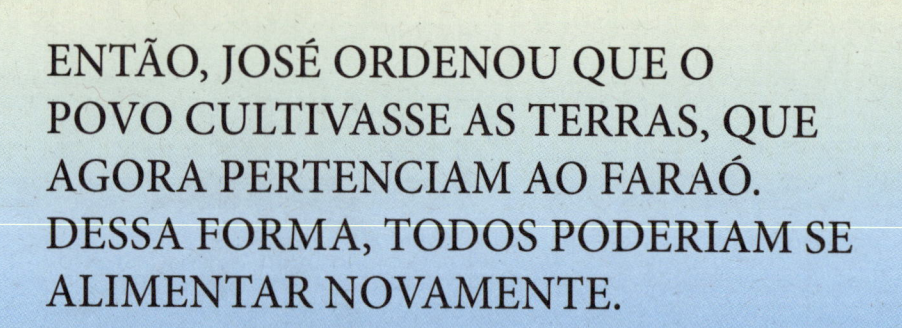

ENTÃO, JOSÉ ORDENOU QUE O POVO CULTIVASSE AS TERRAS, QUE AGORA PERTENCIAM AO FARAÓ. DESSA FORMA, TODOS PODERIAM SE ALIMENTAR NOVAMENTE.

TODOS ACEITARAM A DECISÃO DE JOSÉ E O AGRADECERAM. ASSIM FOI FEITA A DIVISÃO DE TERRAS E COLHEITAS NO EGITO.

MOISÉS

ANOS DEPOIS, JOSÉ E O FARAÓ MORRERAM. OS ISRAELITAS QUE VIVIAM NO EGITO SE MULTIPLICARAM. ISSO PREOCUPAVA O REI, PORQUE OS ISRAELITAS ERAM MUITO MAIS NUMEROSOS E MAIS FORTES, E ELES PODERIAM TOMAR SUAS TERRAS E SEU PODER.

ENTÃO, O FARAÓ TORNOU OS ISRAELITAS SEUS ESCRAVOS. OS EGÍPCIOS OS FAZIAM TRABALHAR ARDUAMENTE E OS MALTRATAVAM.

COMO O POVO ISRAELITA CONTINUAVA AUMENTANDO, O REI ORDENOU QUE FOSSEM MORTOS TODOS OS MENINOS QUE NASCESSEM, MAS DEIXASSEM VIVAS AS MENINAS. ENTÃO, UMA MÃE DESESPERADA COLOCOU SEU FILHO DENTRO DE UMA CESTA E O PÔS NO RIO. NÃO DEMOROU PARA QUE A PRÓPRIA FILHA DO REI O ENCONTRASSE E ADOTASSE PARA SI O MENINO, AO QUAL DEU O NOME DE MOISÉS.

MOISÉS ERA BISNETO DE JACÓ,
A QUEM DEUS CHAMOU DE
ISRAEL. O MENINO CRESCEU E SE
TORNOU UM HOMEM EDUCADO.
UM DIA, ELE SAIU PARA VER
SEUS IRMÃOS E NOTOU QUE UM
EGÍPCIO ESPANCAVA UM HEBREU
E O MATOU. ASSIM, ELE TEVE QUE
FUGIR, SABENDO QUE O FARAÓ
IRIA MATÁ-LO POR ISSO.

UM DIA, JÁ CASADO, MOISÉS PASTOREAVA O REBANHO
DO SOGRO. ELE SUBIU O MONTE HOREBE E VIU O
ANJO DO SENHOR RODEADO POR UM FOGO NO MEIO
DA VEGETAÇÃO. AO TENTAR SE APROXIMAR, FICOU
MARAVILHADO, PORQUE A CHAMA ARDIA E NÃO
QUEIMAVA. ENTÃO, DEUS FALOU COM ELE: "DE FATO,
TENHO VISTO A OPRESSÃO DO MEU POVO NO EGITO. EU
TE ENVIAREI AO FARAÓ PARA QUE TIRES O MEU POVO DO
EGITO, OS FILHOS DE ISRAEL".

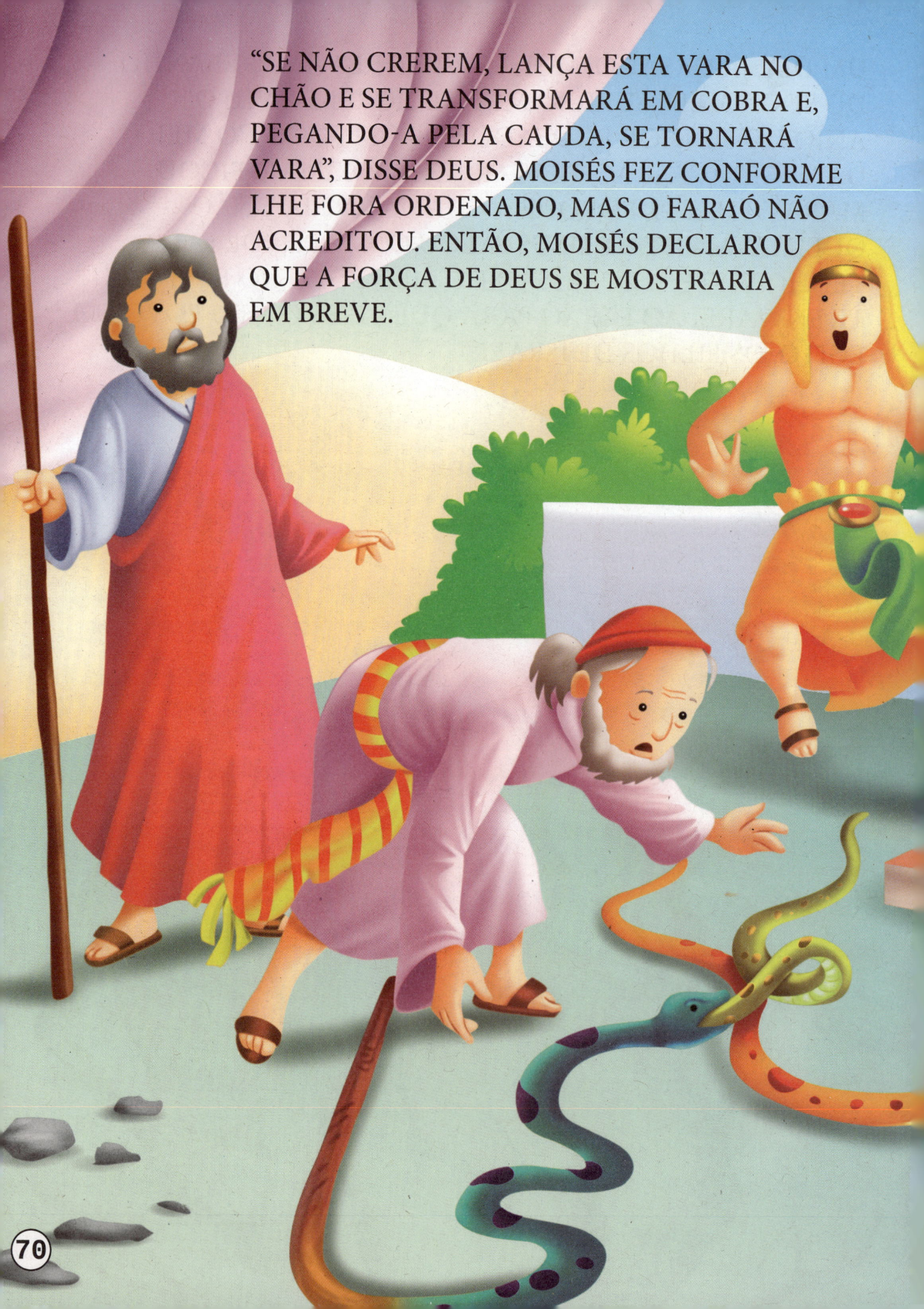

"SE NÃO CREREM, LANÇA ESTA VARA NO CHÃO E SE TRANSFORMARÁ EM COBRA E, PEGANDO-A PELA CAUDA, SE TORNARÁ VARA", DISSE DEUS. MOISÉS FEZ CONFORME LHE FORA ORDENADO, MAS O FARAÓ NÃO ACREDITOU. ENTÃO, MOISÉS DECLAROU QUE A FORÇA DE DEUS SE MOSTRARIA EM BREVE.

TODAS AS PIORES PRAGAS INVADIRAM O EGITO E
TODA A ÁGUA SE TRANSFORMOU EM SANGUE. COM
ISSO, O FARAÓ FINALMENTE ACREDITOU NO PODER
DE MOISÉS.

ASSIM, O REI MANDOU QUE MOISÉS LEVASSE TODOS OS ISRAELITAS EMBORA DO EGITO. DEUS MOSTROU A MOISÉS O CAMINHO QUE DEVERIAM SEGUIR. COM MEDO DE MORRER NO DESERTO, O POVO QUERIA SE ENTREGAR, MAS MOISÉS OS ENCORAJAVA.

O REI DO EGITO, AINDA NÃO CONVENCIDO, JUNTOU OS SEUS EXÉRCITOS PARA PERSEGUIREM O POVO DE DEUS.

QUANDO CHEGARAM FRENTE AO MAR, O POVO QUE FUGIA SE APAVOROU, MAS TEVE UMA SURPRESA. MOISÉS ESTENDEU AS MÃOS SOBRE O MAR E, MAIS UMA VEZ, DEUS MOSTROU SEU PODER. ELE FEZ SOPRAR UM VENTO MUITO FORTE, QUE DIVIDIU O MAR COMO DUAS MURALHAS E TODO O POVO HEBREU ATRAVESSOU A SECO. EM SEGUIDA, OS EGÍPCIOS ENTRARAM NO MAR E SE AFOGARAM, PORQUE O MAR SE ENFURECEU.

ELES VIAJARAM POR MUITO TEMPO E, POR ISSO, ESTAVAM CANSADOS E FAMINTOS. O POVO COMEÇOU A SE REVOLTAR CONTRA MOISÉS. ENTÃO, DEUS FALOU PARA MOISÉS BATER EM UMA ROCHA, POIS DELA SAIRIA ÁGUA PARA O POVO BEBER. O MILAGRE ACONTECEU E DEU FORÇAS PARA A MULTIDÃO CONTINUAR A VIAGEM.

DIAS MAIS TARDE, DEUS FALOU COM MOISÉS NOVAMENTE: "SOBE AO MONTE E ME ESPERE, QUE TE DAREI AS TÁBUAS DE PEDRA, AS LEIS E OS MANDAMENTOS QUE ESCREVI PARA ENSINAR AO POVO." ASSIM SUCEDEU.

QUANDO DESCEU DO MONTE SINAI, ONDE CONVERSAVA COM DEUS, MOISÉS VIU QUE O POVO DANÇAVA E ADORAVA UM BEZERRO DE OURO. ENTÃO, IRADO, ELE QUEBROU AS TÁBUAS COM AS LEIS E OS MANDAMENTOS E DESTRUIU A FESTA. PASSADOS DIAS, MOISÉS PEDE A DEUS QUE PERDOE O POVO. DEUS SE COMOVE, PERDOA, PROMETE FAZER MARAVILHAS, FAZ UMA ALIANÇA COM MOISÉS E ENTREGA AS TÁBUAS COM OS MANDAMENTOS PARA ENSINÁ-LOS AOS HEBREUS.

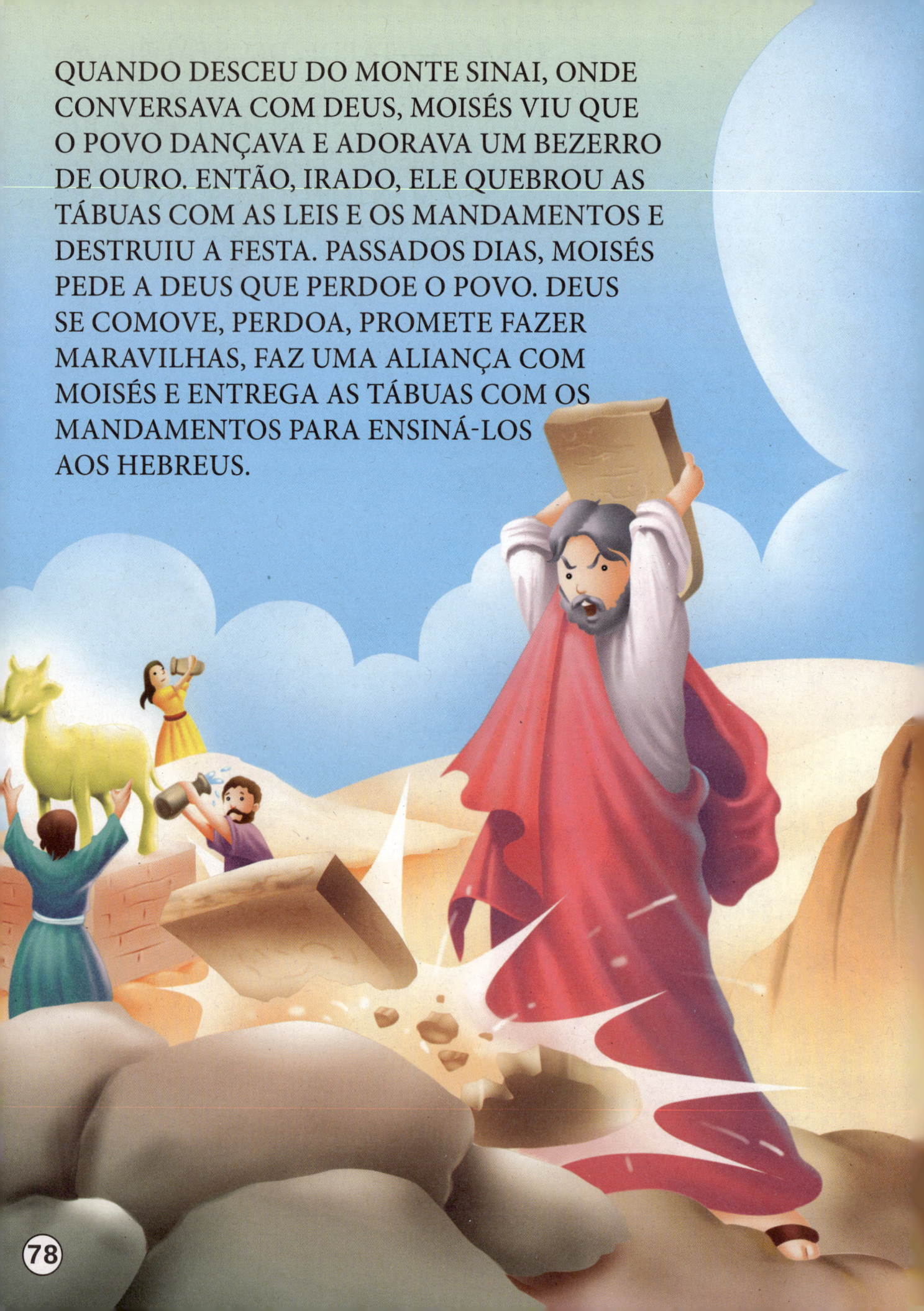

O REI SALOMÃO

O REI SALMOÃO ERA FILHO DO REI DAVI, DESCENDENTES DE JACÓ, A QUEM DEUS DEU O NOME DE ISRAEL. DEUS AMAVA SALOMÃO, E UMA NOITE APARECEU NO SEU SONHO E DISSE A ELE: "PEDE O QUE QUERES QUE EU TE DÊ. SALOMÃO PEDIU CONHECIMENTO E SABEDORIA PARA PODER JULGAR O SEU POVO. DEUS FICOU TÃO FELIZ PELO PEDIDO, QUE LHE DEU CONHECIMENTO, SABEDORIA, ALÉM DE RIQUEZAS, BENS E HONRÃ.

SALOMÃO SE TORNOU O HOMEM MAIS SÁBIO DO MUNDO. PESSOAS VINHAM DE TODOS OS LUGARES PARA PEDIR CONSELHOS A ELE.

REIS E RAINHAS
VINHAM VISITÁ-LO,
TRAZENDO LINDOS
PRESENTES OS
ISRAELITAS RECORRIAM
AO REI SALOMÃO QUANDO
PRECISAVAM DE AJUDA.

TODA ISRAEL RESPEITAVA O REI E
PAGAVA AS TAXAS COM MUITO GOSTO.
EM POUCO TEMPO, AS RIQUEZAS DE
SALOMÃO SE MULTIPLICARAM.

PARA AGRADECER A DEUS, SALOMÃO CONSTRUIU UM TEMPLO ENORME EM SUA HONRA. A CONSTRUÇÃO LEVOU SETE ANOS PARA FICAR PRONTA E FICOU CONHECIDA NO MUNDO TODO PELA GRANDEZA E PELA QUALIDADE DOS MATERIAIS USADOS.

A FAMA DO REI SALOMÃO CHEGOU
AOS OUVIDOS DA RAINHA DE SABÁ,
QUE FICOU IMPRESSIONADA. POR
ISSO, TROUXE A ELE OS MAIS
BELOS PRESENTES.

SALOMÃO TEVE MUITAS ESPOSAS E MUITAS DELAS ADORAVAM A ÍDOLOS. QUANDO SALOMÃO ENVELHECEU, FOI CONVENCIDO TAMBÉM A CULTUÁ-LOS. ISSO ENTRISTECEU A DEUS. UM DIA, O PROFETA AÍAS RASGOU A SUA CAPA NOVA EM DOZE PEDAÇOS QUANDO ENCONTROU JEROBOÃO, FILHO DE SALOMÃO, REVELANDO COMO DEUS REPARTIRIA AS TRIBOS. O MESMO ENCONTRO TEVE DEUS COM O REI SALOMÃO NO FINAL DE SUA VIDA E CONFIRMOU QUE DIVIDIRIA O POVO EM DOZE TRIBOS, SENDO DEZ DELAS ENTREGUES A JEROBOÃO, SEU FILHO. O REI MORREU E FOI ENTERRADO AO LADO DO REI DAVI, SEU PAI.

APÓS A SUA MORTE, A DIVISÃO DAS TRIBOS FICOU ASSIM: A PARTE NORTE DA TERRA FOI CHAMADA REINO DE ISRAEL E A PARTE SUL FOI CHAMADA REINO DE JUDÁ, ONDE DUAS DAS TRIBOS QUE ALI VIVIAM ERAM SEUS POVOS CHAMADOS JUDEUS E SEU REI ERA ROBOÃO.

ROBOÃO NÃO ERA UM BOM REI, POIS ERA MALDOSO COM SEUS SÚDITOS. O POVO DE ISRAEL SE REVOLTOU, POIS O REI QUERIA UM GOVERNO MAIS RÍGIDO. ROBOÃO FUGIU PARA JERUSALÉM, ONDE REINOU E FEZ UM ALTAR COM UM BEZERRO DOURADO. DEUS SE ENFURECEU E DESTRUIU A IMAGEM.

JEROBOÃO TAMBÉM NÃO OBEDECEU OS MANDAMENTOS
DE DEUS E, POR ISSO, O SENHOR MANDOU A DESTRUIÇÃO
AOS SEUS DESCENDENTES. OS SUCESSORES DE JEROBOÃO
FORAM MORTOS E SUAS CASAS FORAM QUEIMADAS.